# 「献立」と「段取り」

渡辺有子

JN131080

マイナビ

# はじめに

毎日の食事作り。特に夕食の「献立」を考えるのは大変なことです。メイン1品を決めるだけでもあれこれと悩むのに、副菜も組み合わせて、栄養のバランスまで考えなくてはいけないとなると、もう嫌になってきてしまう……そんな声をよく聞きます。「献立」という響きは、実は私もちょっと苦手。何だか、型にはめなくてはいけないような気がして、プレッシャーに感じてしまいます。個別の料理では、気に入った素材を手に取り、「こういうふうにしてみようかな？」「あの素材を組み合わせたら、おいしそうだなぁ」というふうに、ニヤニヤしながら楽しんで思いつくのですけれど。

「献立」がむずかしく感じられてしまうのはきっと、複数の料理を同時に組み立てなくてはいけないから……という理由も大きいのではないでしょうか。それを解決するには、ふたつの方法があると考えています。ひとつは料理を効率よく同時進行するために、しっかり「段取り」をすること。もうひとつは「献立」の発想ルールを身に付けること。どちらもちょっとしたコツのようなものですが、意識して取り入れていくと、日々の料理の中で自然に「段取り力」「献立の発想力」となっていくのではないかと思います。

この本は、私なりの「段取り」の方法と「献立」の考え方を、具体的な料理のレシピとともに紹介しています。さらにはいつもの料理を、もう少し幅広く考えられるようなアイデアも。「献立」という言葉が重くのしかからないように、料理をもっと楽しんでもらえたら……そんな思いで作りました。日々の料理のふとした瞬間に、どこかのページが役に立てばうれしいです。

「献立」と「段取り」

もくじ

はじめに――2

## 第1章　「献立」と「段取り」の考え方

いちばんおいしく食べるための「段取り」――16
ある日の献立――18
ていねいな「下ごしらえ」がおいしさへの第一歩――20
「下ごしらえ」と「仕上げ」に分けて考える――23
「スペースを空けること」で作業が効率化――28
でき上がりと同時に「台所は片付いている」ように――36

包丁は「重さ」があり切れ味のいいものを――45
まな板は「丸い形」が使いやすい――48
バットやボウルは「多めに」準備して――51

# 第2章 「献立」の幅を広げる発想

食べたい食材から「献立」を考える――56
「旬」が同じ食材は組み合わせやすい――59
「調理法をばらけさせる」とバランスのいい献立に――62
「食感」の違う食材を合わせて食卓に変化を――65
「盛り付け、サーブの仕方」でも献立は変わる――68
献立の発想のまとめ――82

「魚料理」をひと工夫でおしゃれにおいしく――84
パサつかない「鶏むね肉料理」――86
「麺料理」にはたんぱく質を加えて――96
1品でも栄養たっぷりの「朝ごはん」――98
「おもてなし料理」の発想――110

## 第3章 料理のコツとレパートリーの増やし方

おいしさを引き出す「塩」の役割――124
毎日使う「油」は3種類が基本――127
「炒めもの」をおいしく仕上げるコツ――130
「蒸すこと」でうま味を引き出すスープ――136

「野菜のくず」も有効活用——142
もっと「ナッツ」を普段の食卓に——148
「海藻」で栄養バランスを整える——154
「蒸し大豆」のおいしさを発見——156
「包む」は組み合わせが自由自在——164
野菜への「いつもと違う」アプローチ——174

おわりに——184

**本書の決まりごと**

・大さじ1は15㎖、小さじ1は5㎖です。
・火加減は特にことわりがない場合は中火です。
・レシピに記載した加熱時間は調理器具の大きさや機種によって差がありますので、目安にしつつ、様子を見ながら加減してください。

# 料理のレシピ


さわらの竜田揚げ――41
豆腐とひき肉のとろとろ炒め――42
アスパラと赤玉ねぎの梅びたし――43
桜えびとかぶの混ぜごはん――44
きくらげときゅうりの和えもの――72
かぼちゃのすりながし――73
ミニトマトとお刺身の和えマリネ――74
れんこんと豚肉の甘辛煮――75
きくらげと梨のサラダ――77

れんこんのスパイス蒸し――78
かぼちゃとミニトマトのレーズン煮――79
豚肉のロースト――80
お刺身と柑橘のカルパッチョ――92
鮭のレモンじょうゆ焼き――93
鶏むね肉とキャベツの塩煮――94
鶏むね肉のごま揚げ――95
豆乳温麺――104
豚肉とオクラのごまだれうどん――105
ひじきのオムレツサンド――106
押し麦のサラダ――107

根菜の炒めマリネ——116
白菜とかぶのスープ——117
牡蠣のオイル蒸し——118
手羽先の揚げ焼き——119
大豆とセリのおむすび——120
小松菜とじゃこの炒めもの——135
蒸し野菜スープ——141
とうもろこしごはん——146
白いんげん豆と野菜の皮のスープ——147
豆もやしとピーナッツの和えもの——152
パプリカとアーモンドの炒め蒸し——153

もずく入り揚げ団子 —— 160
ひじきの白和え —— 161
蒸し大豆とほうれん草の海苔和え —— 162
蒸し大豆とえびのヨーグルトサラダ —— 163
鶏と梅とバジルの春巻き —— 172
えびとセロリの水餃子 —— 173
あじの干物鬼おろし添え —— 180
ズッキーニのカルパッチョ —— 181
いんげんのくるみ和え —— 182
豚肉と揚げきゅうり —— 183

第１章

# 「献立」と「段取り」の考え方

## いちばんおいしく食べるための「段取り」

「献立」を料理していく時にいちばん大事なのは「段取り」です。1品だけ作る時にも、先に何をやっておくべきなのか考えますよね。お湯を沸かすことからはじめるのか、あらかじめ切っておくべきものは何かなど。これも段取りです。それが何品も並行して作る献立となると、段取りがすべてということになってきます。1品1品をどの順番で作業するかに加えて、何品かの料理を同じタイミングでフィニッシュするためにはどうすればいいかを考えることが大事です。ではなぜ、段取りが大切なのでしょうか？

それは料理を「いちばんおいしい状態」で食べるためです。せっかく作るのですから、おいしく食べてもらいたいですよね。熱いものは熱いうちに、冷たいものは冷たいうちに。カラッとしているもの、しゃきっとさせたいもの。温度や食感は「おいしい」の大事な要素です。そのゴールに辿り着くためには、何をどうやって、効率よく作業すればいいかを想定します。まず4品なら4品の仕上げまでの手順を、頭の中で整理。煮るのに時間がかかるもの、味を含ませたほうがおいしいもの、最後にさっと和えたいもの、揚げたてでアツアツを出したいもの……。そう、料理は頭を使います。それがまさに、段取りに大切なことなのです。

## ある日の献立

| | |
|---|---|
| **主菜** | さわらの竜田揚げ |
| **副菜①** | 豆腐とひき肉のとろとろ炒め |
| **副菜②** | アスパラと赤玉ねぎの梅びたし |
| **ごはん** | 桜えびとかぶの混ぜごはん |

↓

### それぞれの段取りのポイント

**さわらの竜田揚げ**

さわらに下味をつけ、片栗粉をまぶしてさっと揚げます。塩をふって余計な水分と臭みを取ること、揚げたてをいただくことがポイント。面倒な揚げものですが、フライパンを使い気軽に揚げられます。

豆腐とひき肉の
とろとろ炒め

豆腐を炒めてふるふるに仕上げた、やさしい味わいの副菜。この献立では、汁もの的な役割に。後から温めることも可能なので、ある程度調理を進め、食べる直前に火を入れても大丈夫です。

アスパラと
赤玉ねぎの梅びたし

野菜それぞれの歯ごたえを楽しめる、いろどりも美しい副菜。下ごしらえした野菜をだしにひたし、しばらく置いて味をなじませます。その分の時間を逆算して、早めに準備に取り掛かります。

桜えびとかぶの
混ぜごはん

桜えびとかぶを使った、春らしい混ぜごはん。ごはんが炊き上がり、蒸らし終わって、具を混ぜた直後が献立の完成となるように、浸水から蒸らし時間までを逆算して、他の料理の段取りを考えます。

普段の何気ない料理でも、きちんと下ごしらえをしているかどうかが、「おいしい」の第一歩となります。たとえば青菜など野菜を茹でる時も、少しだけ注意をはらえば、ほどよい歯ごたえが残り、青々とした仕上がりに。撮影時などによく、「家で茹でるとこんなに色よくならない！」と聞くのですが、茹で時間を気にしたことはありますか？　ほうれん草、いんげん、絹さやなど、野菜にはそれぞれに適した茹で時間があります。蒸すほうが栄養も逃げませんが、日常的には茹でるほうがカンタンです。また、茹でた後は色止めのため、水に取るのが一般的ですが、盆ざるなどに広げてそのまま素早く冷ますほうが、水っぽくならず、和えものなどにした時の

# ていねいな「下ごしらえ」がおいしさへの第一歩

おいしさの差は歴然。その分、少し早めに上げ、一気に冷ませば、色も落ちません。魚の切り身も塩をふった後、じんわりと出てきた水分をしっかりふいて臭みを取りのぞきます。それからさらに少し塩をふって塩焼きにするだけでも、仕上がりは格段に変わります。厚みのある牛肉や豚肉を焼く時も、冷蔵庫から出して室温に戻しておきます。

素材にはそれぞれに適した下ごしらえがあります。それを飛び越えてしまっては、素材本来の味、おいしさは逃げてしまいます。素材のおいしさをきちんと引き出すために、シンプルな料理こそ、下ごしらえがものを言います。

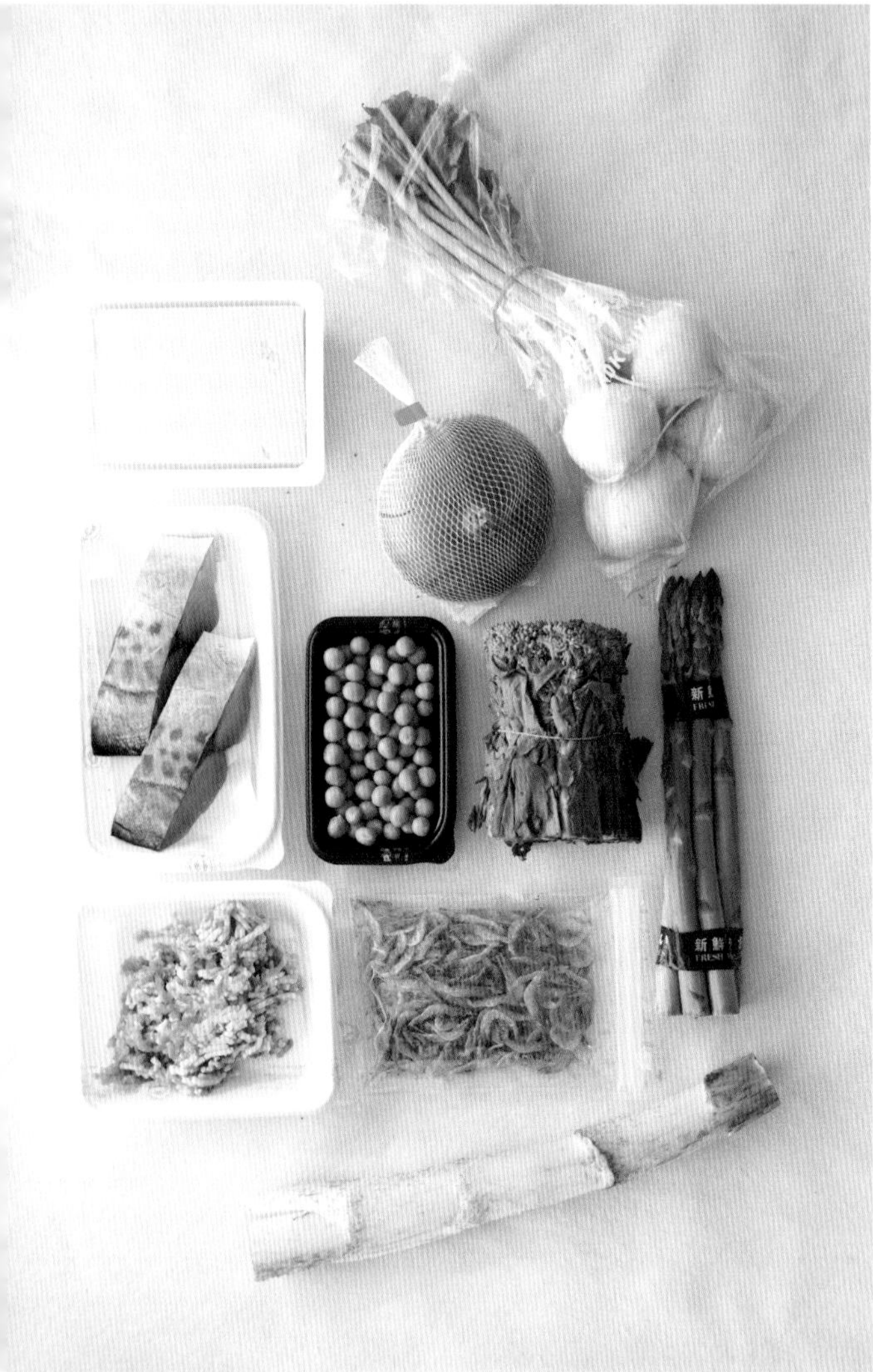
新鮮
FRESH

# 「下ごしらえ」と「仕上げ」に分けて考える

複数の料理をおいしく仕上げるためには「下ごしらえ」と「仕上げ」に分けた段取りをすることが肝心だと思います。ではその下ごしらえの順番は？

まずは「切るべきもの」をすべて切ってしまいます。唐揚げや竜田揚げのように、肉や魚に下味をつけたい場合は、先にすませ、そうでない場合は野菜から。下ごしらえの中心は野菜です。たとえばアスパラガスの茎を切り、下のほうの皮をピーラーでむいて、適した長さに切ってバットに並べておく。菜の花は茎を少しだけ切り落とし、ボウルに冷水をはって、花を活けるように立てておく。しょうがやにんにくなど、薬味は最後にまとめて。すべての素材を料理に適したサイズや状態にし、バットやボウルに入れておきます。手を動かす間に、「動かさなくても進められる別のことは?」と考えてみて、野菜を茹でる湯を沸かしたり、だしを取ったり、豆腐の水きりも、同時進行。こんな当たり前のことでも、立派な段取りです。下ごしらえが終わり、各々の素材がズラリと並ぶ様は気持ちがいいもの。どれとどれを組み合わせて仕上げるかがひと目で整理できるため、作業もスムーズになり、残った野菜や道具も、仕上げ前に片付けることができます。「下ごしらえを終える」「一度さっと片付ける」「一気に仕上げの調理」という3ステップ。これを身に付けると、作っている途中も、作り終わった時にも、キッチンはすっきり整います。

右上／最近の精米機は性能がいいので、お米は研がず、流水でやさしく混ぜるようにしてよく洗います。

右下／野菜は切る前に冷水にさらしておくと、しゃきっとして、歯ごたえもよくなります。

左下／魚にふり塩をすると、臭みが抑えられるだけでなく、うま味が増す効果もあります。

アスパラガスの根元側は皮が固く筋っぽいので、ピーラーでむいておくと、火が通りやすくなります。

赤玉ねぎは、面倒でも皮を1枚1枚はいでから切ると、大きさが揃って食べやすく、見た目もきれいに。

材料の下ごしらえ終了。ここでいったんキッチンを片付けてから、仕上げに取り掛かります。

## 「スペースを空けること」で作業が効率化

限られたスペースであるシンクやコンロまわりの作業台に、まな板やツール立て、塩など基本調味料といった必要最低限のもののほかに、出しっ放しにしているものがありませんか？　料理をスムーズに進めるには、「何もないスペース」が必要です。まな板を置くスペースはもちろんですが、下ごしらえをした材料を入れたボウルやバットを、一時的に置く場所を確保することも大事です。置くところをいちいち探して、ほかのものをどけて、とりあえず置いて……なんていうことを繰り返していては、効率がよくありません。台所の広さはそれぞれですが、それでも何とかレイアウトを工夫して、小さめのボウルを、4～5個は置いておけるスペースを常に確保したいところです。

また「冷蔵庫の中も、作業台の一部」と考えることをオススメしたいです。特に夏場は下ごしらえを終え、冷やしておきたい素材やマリネなどの料理、はたまた盛り付けるお皿を入れておくことも、おいしさにつながります。冷蔵庫は食材をしまっておく場所というだけではなく、「冷えた作業台」として常に1段空けておくことができたら、効率よく作業ができるようになります。

そのほか作業中の包丁や菜箸なども、置く場所を決めておくと、動きにもムダがなくなります。私は半分にたたんだキッチンクロスを1枚敷いて、そういった道具類の置き場所にしています。

上／冷蔵庫は１段空けておきます。こうしておけば、ボウルごと、バットごと冷やすことも可能。

下／空いたボウルや使った調理器具は、少したまったら、そのつど洗います。

汚れやすい作業台やガス台は、吹きこぼれやハネなどが目に入った時は、すぐにふく習慣を。

しょうゆやみりんなど、調味料の保存は冷蔵庫が基本。使い終わったらすぐに容器をふき、元の場所へ

使う器類をあらかじめ用意しておくと、盛り付けもスムーズになり、あわてることがありません。

上／冷菜の盛り付けは、揚げものの前に。周囲が片付いていると、落ち着いてていねいに取り掛かれます。

下／アツアツを食べたい揚げものは、直前に。フライパンを使えば、少量の油で気軽に揚げられます。

料理をしながら使い終わった道具をすぐに片付けていくと、料理が完成した時にはある程度、キッチンがすっきりとした状態になります。素材を切り終わり、茹でるもの、時間のかかる煮ものなど、火にかける作業に入ったら、その間にまな板や包丁、使い終わったボウルなどを、洗ってしまいます。この時の洗いものはまだ(もちろん作る料理にもよりますが)、ものすごくしつこい油汚れのようなものはないはず。水洗いで、ささっとすませることができます。その後の作業の間にも、木べらやさじ類など、ある程度のものがシンクにたまったら、そのつど洗うという習慣を身に付けるといいと思います。使い終わった調味料も、ふたや底などをふきんでふいて、元の

## でき上がりと同時に「台所は片付いている」ように

場所に戻すように。また、コンロのまわりの油汚れや吹きこぼれなども熱いうちにふき取ると、こびりついてしまって後で大変になることもありません。

「料理をしながら片付けをするクセ」がついてくれば、作業スペースも常に確保できて、その分作業に集中することができますし、料理が完成した時に、ある程度台所が片付いていれば、食後に下げた食器の後片付けもかなりラクになりますね。料理の段取りで次に何をするか頭の中を整理しておくことは、同時にキッチンを整理することにもつながります。

**桜えびとかぶの混ぜごはん**

- 白米を洗う
- 米を浸水させる
- かぶを切り塩をまぶす

**アスパラと赤玉ねぎの梅びたし**

- 野菜を水に浸けておく
- 野菜類を切り、梅干しをたたく

**豆腐とひき肉のとろとろ炒め**

- だしを取る
- 豆腐を水きりする
- グリーンピースを下茹でする
- しょうがを細切りにする

**さわらの竜田揚げ**

- さわらに塩をふる
- さわらを切って下味をつける

**下ごしらえ終了 ↓ 台所をリセット**

合間に空いたバットや調理器具は随時片付け

桜えびを炒る
ごはんを炊く
ごはんを蒸らす
桜えびとかぶを混ぜる
盛り付ける

野菜類を茹でだしに漬け、ラップをかける
粗熱が取れたら冷蔵庫へ
盛り付ける

ひき肉を炒める
豆腐を加え、炒める
だし・調味料を入れて煮る
水溶き片栗粉を加える
盛り付ける

菜の花を茹でる
油を温める
さわらを揚げる
盛り付ける

完成

アスパラと
赤玉ねぎの梅びたし
さわらの竜田揚げ
桜えびとかぶの
混ぜごはん
豆腐とひき肉のとろとろ炒め

# さわらの竜田揚げ

**材料（2人分）**

さわら……2切れ
A［みりん……小さじ1 1/2
　しょうゆ……小さじ1
片栗粉……適量
揚げ油……適量
菜の花……1/4束
塩……適量

①さわらは塩をふり、しばらく置いて臭みを取る。出た水けをキッチンペーパーで押さえ、3等分のそぎ切りにして、Aに漬ける。
②さわらの汁けをキッチンペーパーで軽く押さえ、片栗粉を薄くまぶす。フライパンに揚げ油を2㎝ほど注ぎ、中温に熱する。さわらを揚げ、油分をしっかりきる。
③器に盛り、さっと茹でて塩をふった菜の花を添える。

# 豆腐とひき肉のとろとろ炒め

**材料(2人分)**

絹ごし豆腐 …………… 300g
鶏ひき肉 …………… 100g
グリーンピース(正味) ……… 50g
しょうが …………… 1片
A ┌かつおだし ………… 80ml
　 │薄口しょうゆ …… 小さじ2
　 └塩 …………… 適量
ごま油 …………… 小さじ2
片栗粉 …………… 小さじ1 1/2

①豆腐はキッチンペーパーで包み、軽く水けをきる。グリーンピースは小鍋で4分茹で、水に取っておく。しょうがは細切りにする。
②鍋にごま油を熱し、しょうがを炒め、ひき肉を加えて色が変わるまで炒める。豆腐を加えて木べらでくずしながら、炒める。
③Aを加えて10分ほど炒め煮し、グリーンピースを加え、倍量の水で溶いた片栗粉でとろみを付ける。

# アスパラと赤玉ねぎの梅びたし

**材料（2～3人分）**

アスパラガス……………4本
赤玉ねぎ………………1/2個
うど……………………1/4本
梅干し…………………2個
A［かつおだし…………80mℓ
　 薄口しょうゆ……小さじ1 1/2

①アスパラガスは固い部分を切り落とし、全体の下半分の皮をピーラーでむき、4等分に切る。赤玉ねぎは1枚ずつはがし、それぞれ3～4等分に切り、大きさを揃える。うどは長さをアスパラガスと揃え、縦4等分に切り、酢水（分量外）にさらす。

②梅干しは種を取りのぞいて包丁で細かくたたき、Aと合わせる。

③鍋にたっぷりの湯を沸かし、①をそれぞれ歯ごたえが残るように2～4分の目安で茹で、ざるに上げて水けをきる。バットなどに入れる。

④冷めないうちに②をまわしかけ、ラップでぴったりと覆い、粗熱が取れたら冷蔵庫に入れ、味をなじませる。

# 桜えびとかぶの混ぜごはん

**材料（作りやすい分量）**

桜えび（乾燥）……8g
かぶ……1個
かぶの葉……1個分
白ごま……大さじ1
白米……1.5合
黒米……大さじ1 1/2
塩……適量

①白米は洗ってざるに上げ、水けをきって黒米と合わせる。同量の水を加え、30分以上浸水させ、鍋か炊飯器で炊く。
②かぶは皮をむき、縦半分に切って薄切りにし、塩少々をなじませる。葉は小口切りにして塩少々をなじませる。かぶ、かぶの葉の水けをしっかりきる。桜えびはフライパンでから炒りする。
③蒸らしたての①に②、白ごまを加え、全体をさっくりと混ぜる。

## 包丁は「重さ」があり切れ味のいいものを

切れ味のいい包丁で野菜を切ると、断面は美しく、舌ざわりのよさに驚きます。トマトがきれいに切れるというような感動もありますが、それよりもきゅうりやにんじん、大根のような野菜の断面と舌ざわりに衝撃を受けます。舌に吸いつくようなしっとり感。ただ切っただけで、野菜のおいしさがまったく違うのです。それだけ「包丁の切れ味」というのは重要です。そして何より、切っている時の気持ちよさといったらありません。キャベツのせん切りや大根の薄切りには、やや重みと刃渡りのあるものが向いています。包丁の重さでストンと自然にまな板に落ちて切れて、刃に素材が吸いつくようにみずみずしく、まるで切られたことにまったく気が付いていないかのよう。「切れる包丁はこわい」と言う人がいますが、切れない包丁のほうがよっぽどこわく、断面もつぶれて細胞も壊れてしまい、口当たりが悪くなる原因に。そして切っていると手も疲れて、イライラしてストレスになってしまいます。まな板との相性も大事です。やわらかさのある木のまな板だと、刃の当たりがやわらかく、しなやかで手も疲れません。

また、ペティナイフは素材を手に持って皮をむいたり、細かいものを刻んだりする時に便利。朝ごはんや昼ごはんの程度の料理だったらペティナイフ1本で充分です。基本的には牛刀とペティナイフ、この2サイズを使い分ければ、日々のことはまかなえると思います。

ZWILLING
J.A. HENCKELS
TWIN CERMAX M66
MICRO CARBIDE STEEL

# まな板は
# 「丸い形」が使いやすい

まな板は長方形が一般的だと思いますが、私は「照宝」の丸いまな板を使っています。数年前キッチンスタジオで使ったことがきっかけでした。丸い形しか用意がなかったスタジオで、結構な量の野菜の下ごしらえを、黙々としていました。ブロッコリーやカリフラワーを小房にする時、いつもはポロポロと外に出ていたのに、丸だとこぼれません。しかも手前で切ってクルリと回転させれば、反対側でもうひと素材切ることができます。しょうがやねぎなどの薬味や、少量のものを切る時はなおのこと、場所を変えて切れることが便利でした。いつもより仕込みがはかどったことを実感できて、さっそく丸いまな板に買い替えたのです。以来、新調する際は丸形にしています。

サイズはふたつ用意しておくと便利です。大は小を兼ねると言いますが、小さいものや少量のものを切る時に、大きなまな板を出すのは面倒で、その逆もまたしかりです。小さなまな板で何でも切ってしまおうとするのは、窮屈で、効率もよくありません。サイズは直径30センチのやや大きめ、24センチのやや小さめがオススメ。またある程度厚みがあることも、切っていて疲れないための大事な要素です。料理の途中は、洗ったらさっと軽くふきながら使い、最後は洗ってふき、立てかけてしっかり乾かします。日々手入れをして清潔に保てば、ちゃんと長く使えます。

「下ごしらえが大事」ということは前に書きました。ていねいな下ごしらえをするためには、必要なものがあります。それは、塩をふった魚を並べたり、野菜をマリネしておくバットと、切った野菜や薬味を入れておくための小さめのボウルです。下ごしらえを一気にすませたいので、ある程度枚数が必要です。それぞれ5つ、6つは用意しておくといいでしょう。サイズが違うお皿や小鉢などで代用していると重ねられず、作業途中のシンクの中もバラバラとして、洗いものも大変になってしまいます。

同じメーカーやシリーズで、同じサイズであれば、枚数があっても重ねてすっきりと収納できます。包丁同様、ボウルやバットもきちんとした道具がある

## バットやボウルは「多めに」準備して

と、とても便利です。「何かで代用」や、「大は小を兼ねる」という考え方で「大きめのものがあればいいだろう」というのはこの場合、残念ながら通用しません。少量のものを大きなボウルに入れておくのは作業スペースも取ってしまい、洗いものもおおげさになってしまいます。写真のボウルは「柳宗理」のもので、直径13、16、19センチの3サイズ。バットは「野田琺瑯」のキャビネサイズ(約21×17センチ)です。効率のいい手順は、使いやすい道具からはじまります。

# 第2章

# 「献立」の幅を広げる発想

## 食べたい食材から「献立」を考える

夕食の献立を考える時にはまず、「おいしそうだな、食べたいな」と思う気持ちに寄り添いながら、野菜売り場をざっと見て歩きます。その後、魚売場へ。パッと目を引く新鮮でおいしそうな旬の魚があれば、メインに決定。その時に先に見た野菜を思い浮かべ、メインの魚と合わせて、ひと皿になるか考えます。たとえば立派な太ねぎがあったら、「魚と一緒に煮てもいいなあ」とか、揚げもの向きの魚だったら、「太ねぎは副菜にして、蒸してみそあんでもかけようかな?」というふうに、野菜売り場に戻りながら、メインを頭の中で完成させます。前日も魚が主菜だったり、いい魚がなければ、肉をメインに。肉なら「食べたい」と思った種類や部位に決めて、魚と同様に「野菜と合わせられるか」を考えると、バランスのいい料理になります。メインを決めてから再び野菜をじっくり見て、副菜を2～3品考えましょう。この時にお豆腐や油揚げなど大豆製品や、ひじきなどの乾物類を合わせることを考えると、栄養のバランスも取れます。

自分の目で見て、その時に「食べたい！」と思うことは、季節や体調を感じ取っている証。その声を素直にキャッチすることが大切です。今いちばん食べたいものを料理すれば、準備も楽しめるはず。毎日買い物に行けない事情もあると思いますが、なるべく食べたいもの、新鮮なものをその日に見て、決められるといいですね。

早春。たとえば淡白なさわらには、ほろ苦い菜の花や青い香りのグリーンピースなど、繊細な味わいの春野菜がよく合います。この風味を生かすために、薄味に仕上げ、火を通しすぎないようにします。

夏。ゴーヤやトマトなど、力強く味の濃い野菜を合わせてサラダにすれば、熱のこもったカラダにうれしく、元気が出ます。しっかり焼き目を付けたり、少し酸味を効かせてみると、おいしく感じられます。

秋。焼いたさばや鮭に、さつまいもやごぼう、れんこんのホクホクとした温かな根菜が、食卓を滋味深いものにしてくれます。茹でてしまうより蒸すほうが、根菜のうま味が凝縮されて甘味を感じます。

冬。たらやぶりなど脂ののった魚には、ねぎや大根、

## 「旬」が同じ食材は組み合わせやすい

かぶなどのみずみずしい白い野菜がバランスのいい味わいに。じっくり火を通したうま味を楽しみます。

このように旬が同じものは、食感や味わいの相性がいいと感じます。そして「旬のもの」とは、本来カラダが自然に欲しているものでもあるのです。暑い時はカラダの熱を冷ますもの、寒い冬はカラダを温める素材。普段からできるだけ、季節のものを意識しながら取り入れるようにしていると、この「相性のよさ」というものも、自然に実感できるのではないでしょうか。素材それぞれの旬を知ることは、素材の組み合わせの幅を広げてくれることにもつながります。

以前は2口コンロの台所で、普段の食事の準備も撮影用のたくさんの料理もこなしていました。撮影時には「2口でよくできるね」と言われたのですが、2口しかないことで「どうすれば効率がいいか」を考えることがクセになり、訓練されて「段取り力」がついたように思います。下ごしらえと仕上げと段階を分けるやり方も、必要にせまられ、やりやすい方法を実践し考えていくことで身に付きました。

それは単に段取りに関わることだけでなく、「調理法をばらけさせること」にもつながりました。先に火を入れて味をなじませておきたいマリネやおひたし、そしてコトコトじっくり火を入れる煮もの、ざっと火を入れてアツアツを食べたい炒めもの……

## 「調理法をばらけさせる」とバランスのいい献立に

というふうに、いつ、どのタイミングで火を使うかを段取りとして考えると、自然に調理法にも変化が付くのです。すると献立としてのバランスも、味のバランスもよくなるという結果がついてきます。

いつだったか、夕食の時に「何だかやけにお箸がスムーズに進むなあ」と思ったら、和えもの、蒸しもの、煮もの、炒めもの、汁ものとすべて調理法が違うものが並んでいました。何気なく献立にしていたのですが、実際に食べていると食感や味わいに変化が付き、メリハリが付くのです。調理法をばらけさせることは作る時に効率がよく、そして食べていても軽快になる、一石二鳥の献立の考え方なのです。

## 「食感」の違う食材を合わせて食卓に変化を

食の好みは人それぞれ。うま味を重視する人もいれば食感に重きをおく人もいます。私は歯ごたえのいいものが好み。そんな話をしたのは歯科医の先生と。そんなに強靭な歯の持ち主ではない私に、「噛みごたえがあるものではなく、やわらかなもの、なめらかなものに趣向をシフトしなさい」と、医師からの忠告でした。そうは言っても、なかなか好みは変えられないものですよね……。

料理を考える時の要素のひとつに「食感」があります。歯ごたえのいいもの同士を合わせることもあれば、やわらかい中にひとつだけ食感のいいものを加えてみることも。口を大きく開けてしっかり噛むものや、細かくて歯ごたえのあるもの、とろんとなめらかなもの、しっとり湿度のあるものなど、いろいろな食感のものが並ぶと、食卓は立体的になります。食感を生かすことは、素材そのものの持ち味を生かすことでもありますが、それは切り方でも変えることができます。たとえば、れんこんは輪切り、縦切りでも違う食感になりますが、細かく切れば食感の裏方的存在に。はたまた、すりおろして使えば、とろみのあるなめらかな舌ざわりに変化します。このようにひとつの素材でも、食感を変えることができます。「この素材は、この切り方」と決めてしまわずに、「いつもと違う食感にできないかな？」と考えることも、料理の幅を広げ、楽しむチャンスです。

## 「盛り付け、サーブの仕方」でも献立は変わる

同じ素材を使った献立でも、調理法や味付けで和風にも洋風にもすることができ、素材の切り方や盛り付け方を変えることで、見た目もまったく違ったテーブルになります。72～80ページの献立で使った素材は主に、豚肉、かぼちゃ、れんこん、トマト、きゅうり、きくらげ。切り方と組み合わせを変えて、大皿に盛り付けたり、あるいは銘々の皿に取り分けてサーブしたりすると、同じ素材でもこのように変化が付きます。

1品ずつでき上がった料理をすべてお皿に盛って、取り分けて食べるのがいつものスタイルなら、ひとり分ずつを銘々皿に盛ってトレーにのせて出すのも、たまにはいいものです。小皿のバリエーションも増

やしたくなり、旅館に来たみたいで気分も変わります。1品1品を、何だかいつもより味わって食べられるように思うのですが、どうでしょうか？「これは何が入っているの？」なんていう会話も生まれて、一緒に食べる人と、より料理に集中できるような気がします。銘々皿に盛り付けるのは、素材を細かく切った料理や汁けが多い料理などに向いています。

またメインを大皿に盛って、かたまり肉をテーブルで切り分けたりすれば、見た目にも華やかでいつも以上に会話が盛り上がるかもしれません。人を招いた時だけではなく、普段からたまにそんなテーブルにしてみるのも、一緒に食べる人の喜ぶ顔が見られていいかもしれませんね。こんな時はオーバル皿がとても便利です。盛り付けが様になるというか、盛り付けやすい。1枚あると、丸いお皿ばかりのテーブルに、変化が付きます。

わが家ではふたりの食卓でも、長さ47センチのオーバル皿をドーンとテーブルのメインに持ってくることがあります(76ページの写真のものがそれです)。これ1枚に肉料理と副菜を盛り合わせてしまって、後は銘々の取り皿だけ。そんなテーブルも、日々の中では新鮮なもの。オーバル皿を1枚主役にするならば、思い切って大きめのものを用意するのがオススメです。毎日の食卓を料理だけでなく、器やしつらえでも変化を付けて楽しむことができるといいですね。

れんこんと豚肉の
甘辛煮
きくらげときゅうりの
和えもの
かぼちゃのすりながし
ミニトマトとお刺身の
和えマリネ

# 銘々皿に盛って

## きくらげときゅうりの和えもの

**材料（2〜3人分）**

きくらげ（乾燥）……………… 10g
きゅうり ………………… 1本
粗塩 ………………… ふたつまみ
ごま油 ……………… 小さじ2
白炒りごま ……………… 小さじ2

①きくらげは水で戻し、熱湯で1〜2分茹でてざるに上げ、水けをきる。きゅうりは薄い輪切りにし、塩少々（分量外）をまぶし、なじませる。しばらく置き、水けをしぼる。

②ボウルに①を入れ、ごま油をまわしかけ、粗塩、白炒りごまをふり、全体を和える。

# かぼちゃのすりながし

**材料（2～3人分）**

かぼちゃ……小1/4個（400g）
かつおだし……300～400㎖
粗塩……ふたつまみ
塩……少々

①かぼちゃは皮をむき、種とわたを取りのぞき、3㎝角に切る。
②鍋に①、だし150㎖、粗塩を入れて火にかけ、かぼちゃがしっかりやわらかくなるまで煮る。
③木べら、マッシャー、裏ごし器などでなめらかにつぶす。残りのだしを少しずつ加えてのばし（150㎖を目安に、かぼちゃの水分量で加減する）、弱火で温め、塩で味を調える。

# ミニトマトとお刺身の和えマリネ

**材料（2～3人分）**

ミニトマト……6個
刺身（鯛、かんぱちなど）……100g
わかめ（塩蔵）……5g
A
みそ……小さじ1
きび砂糖……小さじ1/2
しょうゆ……小さじ1/2
酢……小さじ1/2

①ミニトマトはへたを取り、4等分に切る。わかめは水で洗い、しばらく水に浸け、小さめに切る。刺身は薄く切る。
②ボウルにAを入れてよく混ぜ、①を加える。全体を和え、冷蔵庫で20分ほどなじませる。

# れんこんと豚肉の甘辛煮

**材料（2人分）**

れんこん……………………200g
豚バラ薄切り肉…………150g
A［みりん……………大さじ1
　 きび砂糖……………小さじ1
B［かつおだし…………100㎖
　 薄口しょうゆ………小さじ2
ごま油……………………小さじ2
青ねぎ……………………適量

①れんこんは皮をむいて小さめの乱切りにし、酢水（分量外）にさらす。豚肉は6等分に切る。
②鍋にごま油を熱し、豚肉を炒める。水けをきったれんこんを加え、さらによく炒める。Aを加えてからめてから、Bを加え、ふたをして中火弱で20分煮る。
③器に盛り、小口切りにした青ねぎを散らす。

豚肉のロースト
れんこんの
スパイス蒸し
かぼちゃとミニトマトの
レーズン煮
きくらげと梨の
サラダ

# 大皿に盛って

# きくらげと梨のサラダ

**材料（2〜3人分）**

きくらげ（乾燥）……………10g
きゅうり……………1本
梨……………1/2個
オリーブオイル……………大さじ1
米酢……………大さじ1/2
粗塩……………ふたつまみ

①きくらげは水で戻し、熱湯で1〜2分茹でてざるに上げ、水けをきる。きゅうりは皮をむいて縦半分に切り、斜め薄切りにし、塩少々（分量外）をまぶし、なじませる。しばらく置き、水けをしぼる。梨は半分に切り、皮と芯を取りのぞき、長さ半分に切り、薄切りにする。
②ボウルに①を入れ、オリーブオイルをまわしかけ、米酢、粗塩を加え、全体を和える。

# れんこんのスパイス蒸し

**材料（2～3人分）**

れんこん……………250g
クミンシード…………小さじ1/4
パプリカパウダー……小さじ1/4
粗びき黒こしょう……小さじ1/5
粗塩………………ふたつまみ
オリーブオイル………大さじ1

①れんこんは皮をむいて、縦に1.5cm幅の棒状に切り、酢水（分量外）にさらす。
②厚手の鍋に①を入れ、残りの材料をすべて入れてふたをして、弱火で10～12分熱する。途中、水分が足りないようであれば、水大さじ2を加える。

## かぼちゃとミニトマトのレーズン煮

**材料（2〜3人分）**

かぼちゃ……小1/4個（400g）
玉ねぎ……小1/2個
ミニトマト……8個
レーズン……30g
オリーブオイル……小さじ2
ローリエ……1枚
粗塩……ふたつまみ
赤ワインビネガー……大さじ1 1/2
はちみつ……大さじ1
水……50㎖

①かぼちゃはところどころ皮をむいて種とわたを取り、3㎝角に切る。玉ねぎは縦半分に切り、横に薄切りにする。ミニトマトはへたを取る。
②鍋にすべての材料を入れ、ふたをして火にかける。時々混ぜながら、かぼちゃがやわらかくなるまで、中弱火で25〜30分煮る。

# 豚肉のロースト

**材料（作りやすい分量）**

豚肩ロースかたまり肉 …… 600g
にんにく …………………… 1/2片
粗塩 ……………………… 小さじ1強
黒こしょう ………………… 適量

①豚肉に粗塩、たっぷりの黒こしょう、すりおろしたにんにくを全体につけ、1時間ほど室温に置く。
②オーブンを150℃に温める。天板にオーブンシートを敷き、①をのせ、1時間〜1時間20分焼く。
③オーブンから取り出し、全体をアルミホイルで包み、10分ほど休ませる。食べやすい厚さに切り、器に盛る。

# 献立の発想のまとめ

| | |
|---|---|
| 食べたい食材から考える | 旬を意識し、季節や体調に合わせ、その日自分が「食べたい！」と思うものを考えます。まずは肉か魚のメイン素材を決めて野菜と合わせた１品になるかを考え、そののちに副菜２～３品を決定。大豆製品や海藻類を組み込むと、栄養バランスも整います。 |

| | |
|---|---|
| 調理法をばらけさせる | 和えもの、蒸しもの、煮もの、炒めもの、汁ものなど、調理法が違う料理を組み合わせると、自然に食感や味わいに変化が付き、食べ進めやすくなります。またそうすることで、料理を作るときにも作業がかたよらず、効率がよくなります。 |

| | |
|---|---|
| 味付け、食感をばらけさせる | 甘味、酸味、塩味、苦味、辛味など、料理の味付けが重ならないよう配分を。また大きく口を開けてしっかり噛むものや歯ごたえがあるもの、とろんとなめらかなものやしっとり湿度があるものなど、食感もばらけさせると、食卓が立体的に。 |

| | |
|---|---|
| 盛り付けに変化を取り入れる | 大皿に盛った料理をそれぞれ取り分けるようにしたり、個々の料理を銘々皿に盛り付けたり、すべてをワンプレートに盛ったりなど、器使いやサーブの仕方にもバリエーションを。意識していくと、メニューにも自然と変化が表れていきます。 |

主菜を魚にしようとすると、塩焼きや照り焼き、お刺身など和食の定番が多くなってしまって、「レパートリーが少ない」という声をよく聞きます。塩焼きにせよ照り焼きにせよ、焼き魚はまず、「野菜と一緒にひと皿にする」ことからはじめてみるといいかもしれません。焼き魚というと、大根おろしだけがさみしく添えられているイメージですが、付け合わせにもっとボリュームを出してみましょう。たとえば、鮭の切り身に粉ふきいもと半熟の茹で卵を添えてみたり。鮭をレモンじょうゆに漬けて照り焼きのようにしてみると、洋風、和風のどちらの献立にも合います。もっと洋風に仕上げたい時は、鮭をさらに3～4等分にして焼き、じゃがいも、茹で卵に

## 「魚料理」をひと工夫でおしゃれにおいしく

加え、ブロッコリーやサラダ菜なども一緒にサラダ仕立てにしてもいいですね。切り身は小さく切ったり、「蒸す」「揚げる」など調理法も変えてみると、マンネリになりがちな魚料理を変える一歩になります。

そして魚はレモンやグレープフルーツなど、柑橘類と合わせることもオススメ。魚の臭みも軽減され、塩やしょうゆ味とはまったく別の、魚のおいしさを楽しめます。白身のお刺身にグレープフルーツを合わせてみると、味の相性はもちろん、見た目にも新鮮な印象になって、おもてなしにも向くひと皿に。魚料理のレパートリーを増やすことは、日々の食卓を豊かにすることにつながります。

# パサつかない「鶏むね肉料理」

鶏肉は肉の中でも扱いやすい素材、普段よく使う人も多いと思います。でも鶏肉といえば、大体もも肉を使っているのではないでしょうか。もも肉は何といってもジューシーなところが魅力。比べて、むね肉はさっぱりとして脂も少なく、パサパサと固くなってしまって、うま味を感じられないことから、使いづらいと思われているようです。けれどヘルシーで、何より手頃な価格のむね肉を、もっと献立に活用できたらいいですね。

パサつかないようにするコツは、下ごしらえにあります。まずひとつは、片栗粉などで表面をコーティングする方法です。食べやすい大きさのそぎ切りにしたむね肉に塩、酒をふって薄く片栗粉をまぶしておきます。この時、片栗粉が多すぎると、仕上がる料理にとろみが付きすぎてしまうので、あくまでも薄く。こうすると、火を通した時に肉の表面につるんと膜ができます。その結果パサつきを防ぎ、口当たりもしっとりとします。そしてもうひとつは、下味の時にほんの少量の砂糖をふることで、肉質をやわらかく保つ方法です。砂糖にはたんぱく質と水分を結びつける働きがあるため、食感がやわらかくなります。揚げものの下味付け時などはこの方法が効果的。また、むね肉はもも肉に比べて火が入りやすいので、余熱などを上手く利用して加熱しすぎないことも、パサつかない大事なコツです。

お刺身と柑橘のカルパッチョ

鮭のレモンじょうゆ焼き

鶏むね肉とキャベツの塩煮

鶏むね肉のごま揚げ

# お刺身と柑橘のカルパッチョ

**材料（2～3人分）**

白身魚の刺身（鯛など）……160g
グレープフルーツ……1個
アボカド……1/2個
ヨーグルト……小さじ2
オリーブオイル……大さじ1 1/3
粗塩……適量
黒こしょう……適量

①刺身は薄く切る。グレープフルーツは皮をむき、房に分ける。
②①をボウルに入れ、オリーブオイル大さじ1をまわしかけ、粗塩を軽くふる。
③ヨーグルトに残りのオリーブオイルと粗塩、黒こしょうを入れ、混ぜる。皮と種を取りのぞき、1cm角に切ったアボカドを加えて和える。
④器に②を盛り、③をのせる。

## 鮭のレモンじょうゆ焼き

**材料（2人分）**

生鮭……………………2切れ
A［レモン汁…………大さじ1
　 しょうゆ…………大さじ1
塩…………………………少々
粉ふきいも……………2個分
茹で卵（半熟）………1個
クレソン………………適量

①鮭はさっと洗ってキッチンペーパーでふき、塩を軽くふってしばらくおいて臭みを取る。出てきた水けはペーパーで押さえる。
②合わせたAに①を漬け、冷蔵庫で2時間ほど置く。
③汁けをキッチンペーパーで押さえ、網か魚焼きグリルで焼く。器に盛り、半分に切った茹で卵、塩をふった粉ふきいも、クレソンを添える。

# 鶏むね肉とキャベツの塩煮

**材料（2人分）**

鶏むね肉……大1枚（240g）
キャベツ（小さめ）……¼個
かつおだし……300mℓ
A
┌酒……大さじ1
│片栗粉……小さじ2
└塩……適量

①鶏肉はそぎ切りにして、Aをまぶす。キャベツはざく切りにする。
②鍋にかつおだしを入れて、火にかける。ひと煮立ちしたら鶏肉を加え、色が変わったらキャベツを加え、ふたをしてキャベツがしっとりするまで煮る。味見をして、足りなければ塩で調える。

# 鶏むね肉のごま揚げ

**材料（2〜3人分）**

鶏むね肉 ……… 大1枚（240g）

A
- 酒 …………… 小さじ2
- しょうゆ ………… 小さじ1
- きび砂糖 ……… 小さじ½
- 塩 ……………… 小さじ⅕

B
- 薄力粉 ………… 大さじ1
- 卵 ……………… ½個
- 牛乳 …………… 大さじ1

白炒りごま ………… 60g
揚げ油 …………… 適量
芽キャベツ ………… 適量
レモン …………… 適量

①鶏肉は2㎝幅に切り、さらに幅を半分に切る。Aをもみ込み、冷蔵庫で1〜2時間ほどなじませる。

②①の水けをキッチンペーパーで押さえ、よく混ぜたBにくぐらせ、全体に白ごまをまぶす。

③フライパンに油を3㎝ほど注ぎ、②を入れる。火をつけ、強めの中火で、きつね色になるまで揚げ、油をしっかりきる。芽キャベツも中温で素揚げする（油がはねるので、ふたをして蒸し揚げのようにするといい）。

③鶏肉を器に盛り、芽キャベツ、半月切りにしたレモンを添える。

## 「麺料理」には たんぱく質を加えて

麺類は忙しい時の昼ごはんや夏の暑い時などに、手早く作れて便利です。特に夏は食欲も落ちる上に、キッチンで長く火を使うのがおっくうになってしまうこともあります。手軽にすませたいと思うと、つい麺を茹でるだけになってしまって、それが続くと栄養面がやや気になるところです。野菜を切って入れるくらいはするかもしれませんが、さらにオススメなのが豆腐や納豆、豆乳など大豆製品や、鶏ささみや豚バラ薄切り肉など、さっと火の通るたんぱく質の素材を取り入れること。こうすると、カンタンに作れるひと皿でも必要な栄養は充分補えます。

大豆製品なら、豆乳を素麺のスープにしたり、豆腐をくずしてうどんとからめてすだちをしぼってみたり、納豆ときゅうりをそばにのせてみたり、豆乳をかつおだしと合わせてスープに使ってみたり……。大豆製品はうどんやそば、素麺といった麺類とよく合います。また、加熱時間が少なくてすむ鶏ささみや豚バラ肉も、どんな麺類とも合わせやすいので便利です。麺を茹でる前や最後に同じお鍋でさっと火を通してしまってもいいですね。

　このようにただ麺を茹でるだけではなく、たんぱく質も取り入れるように心掛ければ、麺類も立派な「ひと皿料理」になります。

# 1品でも栄養たっぷりの「朝ごはん」

いつでも余裕を持って過ごしたいものですが、そうもいかないのが平日の朝。とはいえ、気持ちだけはゆったりしたいという思いから、まずは朝いちばんに白湯を飲みます。カラダが徐々にほぐれていくようで、毎朝飽きずにこの習慣を続けています。朝ごはんといえば、平日は実にカンタン。毎日同じものを食べる習慣はなく、その日の体調や天気に合わせるので、白湯を飲みながら考えます。素材は、卵や雑穀など栄養価の高いものを使うと、「忙しくて1品だけなのに、栄養はとれているなぁ」と、気持ちも満足。たとえば「押し麦のサラダ」は、茹でた押し麦にちりめんじゃこやアボカドなど、プチプチにとろりと、食感の違うものを混ぜているので、口の中が楽しい味わいになります。押し麦の茹で時間は15分くらいですが、前日の夜に茹でても。ほかの食材は火を通さなくていいものばかりなので、あっという間にできて食べごたえは充分、腹持ちもいい。

また、さっとできるオムレツも便利です。ひじきなどの海藻やごまを入れて、栄養価を上げるのもいいと思います。和風洋風にとらわれずに、パンにのせてオープンサンドにすれば、これも充分な1品になります。

忙しい朝は「1品でも栄養がたっぷりとれて、満足感を得られるもの」が理想。そして週末などのゆっくりできる朝ごはんは、あれこれと作って、ゆったりとテーブルを囲めたら素敵ですね。

豆乳温麺

豚肉とオクラのごまだれうどん

ひじきのオムレツサンド

押し麦のサラダ

「麺料理」にはたんぱく質を加えて

# 豆乳温麺

**材料(2人分)**

素麺……2束
みょうが……1本
しょうが……1片
A ┌かつおだし……400㎖
　│豆乳……300㎖
　└酒……小さじ2
塩……適量

①みょうがは縦半分に切って薄切りにする。しょうがはすりおろす。
②鍋にAを入れて弱火にかけ、ゆっくり温める。
③別の鍋にたっぷりの湯を沸かし、素麺を茹でて流水に取り、水けをきる。
④②に③を加えて温め、塩で味を調える。
⑤器に盛り、みょうがとしょうがをのせる。

# 豚肉とオクラのごまだれうどん

**材料（2人分）**

うどん……2玉
豚バラ薄切り肉……100g
オクラ……6本
A
白練りごま……大さじ1 1/2
きび砂糖……大さじ1 1/2
しょうゆ……大さじ1 1/2
米酢……大さじ1 1/2
みそ……大さじ1
黒すりごま……大さじ3
かつおだし……大さじ3
ごま油……小さじ1 1/2

①豚バラ肉は2.5cm長さに切る。オクラはへたを取り、塩（分量外）で板ずりして水で洗う。それぞれさっと茹で、水けをきり、オクラは乱切りにする。
②ボウルにAを順に入れ、そのつどよく混ぜる。
③たっぷりの湯でうどんを茹でる。ざるに上げ、流水に取って冷やし、しっかり水けをきる。
④器にうどんを入れ、②のたれをまわしかけ、①をのせる。

# ひじきのオムレツサンド

**材料（2人分）**

卵……3個
ひじき（乾燥）……3g
ハム……2枚
A［牛乳……小さじ2
　塩……ふたつまみ
　黒こしょう……適量］
オリーブオイル……小さじ2
パン（カンパーニュなど）……2切れ
バター……適量
ミディトマト……1～2個
マヨネーズ……適量

①ひじきはさっと洗って水で戻し、たっぷりの湯で3分茹でる。ざるに上げ、水けをきる。ハムは横4等分に切って、縦に細く切る。

②卵を割りほぐし、Aを加え、よく混ぜる。①を加え、さらに混ぜる。

③フライパンにオリーブオイルを熱し、②を流し入れてざっとまとめ、菜箸で混ぜながらふたつ折りにして、オムレツを作る。

④パンをトーストしてバターを薄くぬり、半分に切った③をのせる。半分に切ったミディトマト、マヨネーズを添える。

# 押し麦のサラダ

**材料（2人分）**

押し麦 …………………… 40g
アボカド ……………………… 1個
ブロッコリー ………… 小1/4個
絹さや ………………………… 8枚
ちりめんじゃこ ……… 大さじ3
オリーブオイル…大さじ1～1 1/2
A ┌レモン汁 ………… 1/2個分
　 │粗塩 ………………………… 適量
　 └黒こしょう ……………… 適量

①押し麦はさっと洗い、たっぷりの湯で15分茹でる。大きめのざるに上げ、広げながら水けをきる。
②ブロッコリーは小房に分け、絹さやは筋を取り、それぞれ茹でて冷水に取り、水けをきる。絹さやは斜め半分に切る。アボカドは切れ目を入れ、半分にして種と皮を取りのぞき、ひと口大に切る。
③ボウルに①、②、ちりめんじゃこを入れ、オリーブオイルをまわしかける。Aを加え、味を調える。

# 「おもてなし料理」の発想

おもてなし料理というと「特別に、豪華にしなくちゃ」と思いがち。それだけでプレッシャーになってしまいそうです。でもいちばん大事なのは、その場にいる全員が、一緒に食事を楽しめるようにすること。ホストである自分がキッチンとテーブルをあわただしく行ったり来たりしては、お客様にも気を遣わせてしまいます。一緒に楽しむために、あらかじめ作っておけるものをいくつか準備しておいたり、揚げものやオーブン料理など、温かい料理は仕上げだけをすればいいように、ギリギリのところまで下ごしらえしておいたり。献立の組み合わせと段取りが、いつも以上に大切になります。

マリネ料理のように、時間が料理してくれるものや、温めればすぐにサーブできるスープ、ごはんものはおむすびにしておくのも、手軽さがあっていいですね。また日々の食事でおなじみの料理も、普段より素材を大きく大胆に切ってみるなど、見た目を変えるだけで、おもてなしの1品になります。たとえば、筑前煮のような野菜の煮ものも、野菜を大きめに切って、混ぜて盛ってしまわずに大皿に野菜ごとにきれいに盛り付ければ、普段のおかずには見えません。また、大皿に余白を持たせて盛り付けるだけでも印象的に。そして、季節のもの、旬のものを使って料理することが何よりの心遣いだと思います。これこそが、いちばんのおもてなしになるのではないでしょうか?

根菜の炒めマリネ

牡蠣のオイル蒸し

白菜とかぶのスープ

手羽先の揚げ焼き

大豆とセリのおむすび

# 根菜の炒めマリネ

**材料（4人分）**

れんこん……………………80g
ごぼう……………………1本
にんじん…………………1/2本
紅芯大根…………………1/2個
大根………………………1/8本
ごま油……………………大さじ2
A
ローリエ……………………1枚
赤ワインビネガー…………80mℓ
水……………………………180mℓ
はちみつ……………………大さじ1
塩……………………………小さじ1/2

①れんこんは皮をむき、長さ半分にして縦4等分に切る。ごぼうは皮をこそげ取り、5cm長さ、紅芯大根は6等分、大根は皮をむき、縦4等分にしてさらに縦4等分に切る。にんじんは皮をむき、大根の大きさに合わせて縦に切る。
②Aを小鍋に入れ、ひと煮立ちさせる。
③フライパンにごま油を熱し、れんこん、ごぼう、にんじんを入れ、よく炒める。紅芯大根、大根を加え、ざっと炒める。
④バットに③を入れ、キッチンペーパーで油をしっかり押さえる。②を注ぎ、ラップで覆い、しばらく置いて味をなじませる。

# 白菜とかぶのスープ

**材料（4人分）**

白菜……………………1/8個
かぶ……………………2個
長ねぎ…………………1/2本
バター…………………30g
粗塩……………ふたつまみ
塩………………………適量

①白菜は横2cm幅に切る。かぶは皮をむいて8等分、長ねぎは小口切りにする。
②鍋にバターを中弱火で熱し、①をざっと炒め合わせ（白菜が入りきらない時は2回に分けて入れる）、粗塩少々をふってふたをして、30分蒸す。途中フツフツしてきたら、弱火にする。
③白菜の水分を充分に引き出してから火を止め、ミキサーにしっかりかける。
④鍋に戻して温め、足りなければ塩で味を調える。

# 牡蠣のオイル蒸し

**材料（4人分）**

牡蠣（加熱用）……………… 300g
にんにく ………………… 1片
ローリエ ………………… 1枚
粗塩 ……………………… 少々
オリーブオイル ………… 大さじ3

①牡蠣は大根おろしか塩水（分量外）で汚れをふり洗いし、さらに流水でよく洗って、キッチンペーパーで水けをふく。
②厚手の鍋を強火で熱し、①を入れる。牡蠣がプリッとしてくるまで、動かさないようにして熱する。
③オリーブオイル、にんにく、ローリエ、粗塩を加えてふたをして、弱火で8〜10分蒸す。

# 手羽先の揚げ焼き

**材料（4人分）**

鶏手羽先……8本
にんにく……1片
しょうが……½片
A
　酒……大さじ1
　ナムプラー……大さじ2
　砂糖……小さじ1
　カレー粉……小さじ¼
　黒こしょう……小さじ¼
　ごま油……小さじ1
揚げ油……適量
にんじんの葉、小にんじん……適量
片栗粉……適量
塩……適量
すだち……適量

①手羽先は洗ってキッチンペーパーで水けをふき、すりおろしたにんにく、しょうが、Aを加えて、よくもみ込み、冷蔵庫で2時間ほど置いてなじませる。
②フライパンに揚げ油を2㎝ほど注ぎ、キッチンペーパーで汁けを押さえた①を入れる。火をつけて、中火でじっくりと揚げ焼きする。
③薄切りにした小にんじんと4〜5㎝長さに切ったにんじん葉に、片栗粉と少量の水をまぶし、中温の揚げ油に入れ、かき揚げにする。
④②を器に盛り、塩をふった③、半分に切ったすだちを添える。

# 大豆とセリのおむすび

**材料（4人分）**

大豆（乾燥）……………70g
白米……………2合
酒……………小さじ1½
塩……………小さじ1
セリ……………¼束

①白米は洗ってざるに上げ、水けをきる。
②フライパンに大豆を入れて弱火で熱し、時々全体を混ぜながら、20分ほど炒る。
③鍋に①を入れ、水360㎖を加えて②をのせ、30分以上浸水させる。
④③に酒と塩を加えてさっと混ぜ、ふたをする。強火で沸騰するまで加熱し、弱火にして14分さらに加熱する。火を止め、10分蒸らす（炊飯器で普通に炊いてもいい）。
⑤小口切りにしたセリを加え、全体をさっくりと混ぜる。手に軽く塩（分量外）をつけ、丸いおむすびにする。

# 第3章
# 料理のコツとレパートリーの増やし方

# おいしさを引き出す「塩」の役割

普段の料理では2種類の塩を使い分けています。外国の塩と日本の塩で、粒子の粗いものはフランスの「ゲランドの塩」、細かいものは沖縄の「はごろもの塩」。

ほどよい粒子の粗塩は、口に入れて塩の粒を感じたいサラダの仕上げには、意識的に。豚肉や鶏肉はあらかじめ粗塩をふってから焼くと、火からおろした時にいい具合に塩味がうま味となって浸透していきます。牛肉(ステーキ)は、生の状態でふると肉質が固くなるので、焼いた面から。両面焼いた後にホイルに包んでしばらく置きますが、その時に肉に粗塩が、いい具合に浸透していきます。粗塩は野菜にも活躍します。野菜のだしを充分に引き出したい時に、少量の粗塩をふって、じわじわとうま味を引き出す方法です。これが粒子の細かい塩だとうま味より塩けが先に立つように感じるので、粗塩を使います。細かい塩は味を調える時、仕上げに使うことが多いです。最後の調味で大切なのは、「塩味に角がない状態」にすること。塩をふってから火を入れる時に早く溶けて味が行きわたるので、使い勝手がいいのです。また、おむすびを作る時に、細かい塩は手なじみもいい。煮ものの仕上げや、おひたしのだしにもなじみやすい。このように和食には細かい塩が向くことから、日本の塩を選んでいます。塩は単に味付けだけでなく、素材のおいしさを引き出す重要な役割を担っているのです。

# 毎日使う「油」は3種類が基本

毎日の食事に使っている油は、ごま油、太白ごま油、オリーブオイルの3種類です。油を選ぶ基準は、「そのまま口にしても、おいしいもの」。原料がはっきりしないサラダ油は、あまり進んで使う気になれません。お店にはさまざまな種類の油が並んでいますが、あれこれ種類だけがキッチンに増えても、そのまま放置されてしまっては、元も子もありません。特に酸化しやすい油はなおのこと。ならば種類を厳選して、こまめに使い切れるほうがいいと思います。

香りが豊かなごま油は、炒めものや和えもの、スープなどに使います。コクが出るので、ここぞという時に出番が多い油です。同じごま油でも、太白ごま油は香りがほとんどなく、サラリとしています。わが家でいちばん登場するのは揚げものの時。口当たりが軽く、時間が経ってもベタつきません。「量がたくさん必要では?」と思うかもしれませんが、大抵はフライパンで揚げてしまうので、それほどでもありません。サラダ油と比べればもちろんコストは……それでも、太白ごま油の揚げもののおいしさを知ってしまうと、後戻りできなくなります。もうひとつ、普段使いの油といえば、オリーブオイルは外せません。EXバージンオリーブオイルはマリネやサラダなど生食用に、パスタやオイル煮など火を通す料理には少し安価なものを用意。どちらもなるべく小さいサイズにして、早めに使い切るようにします。

胡麻油
LAUDEMIO
FRESCOBALDI
OLIO EXTRA VERGINE DI OLIVA

# 「炒めもの」をおいしく仕上げるコツ

メニューに困った時、時間がない時など、「炒めものは、献立のお助け料理」という人も多いと思います。だけどシンプルだからこその、おいしく作るコツがあります。子どもの頃、「野菜をたくさんとってほしい」という母の願いからか、野菜炒めがよく食卓に上がりました。でも何だか、水分が多い炒めものだったような……。炒めものに水けは大敵。けれど仕方ないと思って、諦めていませんか？

炒めもののコツは、まず均一に火が通るように、野菜を切り揃えます。もやしならひげ根を取ると、水分の出方がまったく違います。またにんにくや唐辛子、豚肉やベーコン、ちりめんじゃこやアンチョビなど、「味出し食材」はよく炒め、香りやうま味を油にしっかり出します。そして野菜を入れたら一気に炒め、水分が出る手前で火を止めます。香りやうま味が移った油なら、シンプルに塩味だけで充分おいしい炒めものになります。素材は2～3種類に。あれもこれもと炒めると、家庭の火力では短時間で仕上がりにくく、どうしても水分が出てしまいます。たくさん炒めたい時は、仕上げに水溶き片栗粉で水分をとろみに変えるといいかもしれませんね。最後に、中華のシェフに聞いたのですが、家庭での炒めものはフライパンを持ち上げてふらないほうがいいとのこと。弱い火力の上に、さらに熱が逃げてしまうからだそう。フライパンの中だけで上手く素材を動かす、これもコツ！

葉ものの炒めものは、葉と茎と分け、火の通りにくい茎のほうから炒めるなど、順番も大事です。

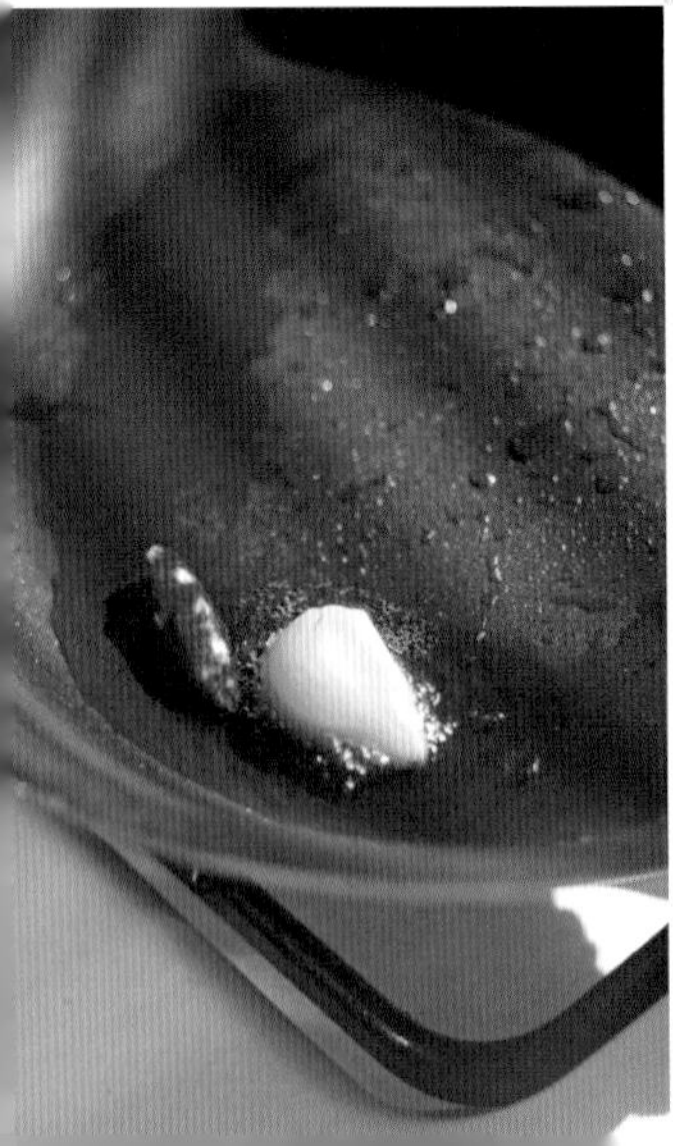

にんにくや唐辛子は油が冷たいうちから入れ、ゆっくり加熱することで風味を油に移します。

塩分を加えると、浸透圧の作用で
野菜から一気に水分が出てしまう
ので、その前に火を止めるように。

小松菜とじゃこの炒めもの

## 小松菜とじゃこの炒めもの

**材料(2人分)**

小松菜……………………小1束
しいたけ…………………2個
ちりめんじゃこ………大さじ3
にんにく…………………1片
鷹の爪……………………1本
粗塩………………………適量
黒こしょう………………適量
ごま油…………………大さじ1

①小松菜は4cm長さに切り、茎と葉に分けておく。しいたけは薄切りにする。にんにくは皮をむき、軽くたたく。鷹の爪は種を取りのぞく。

②フライパンにごま油、にんにく、鷹の爪を入れ、弱火で熱し、香りが立ったら強火にしてしいたけ、じゃこを加えてざっと炒める。

③小松菜の茎のほうから加えて炒め、葉も入れて手早く炒め、粗塩、黒こしょうをふる。

# 「蒸すこと」で
# うま味を引き出すスープ

顆粒の中華だしや固形の洋風だしを一切使わなくなってから、素材から「うま味」を引き出すには、どうすればいいかを考えるようになりました。野菜スープは「野菜に水分を入れてコトコト煮る」というイメージですが、すぐに水を入れては野菜のうま味を充分に引き出せず、スープにコクを出すことができません。最初に鍋に野菜と粗塩少々を入れてふたをしっかりして、中弱火でゆっくり蒸し煮にします。するとその塩が、鍋の中でいい仕事をしてくれます。しばらくすると野菜からうま味が詰まった水分が、じわじわと汗をかくように出てきます。ここが大切。水分がもう出ないところまできたら、水を足します。水を「入れる」のではなく「足す」というイメージを持つといいかもしれません。こうするとコンソメやブイヨンを入れなくても、野菜自身がスープの素になるのです。野菜は何でもいいですが、やはり香味野菜の玉ねぎやにんじん、セロリなどは、味に深みをもたらしてくれる縁の下の力持ち。トマトは水分はもちろん、うま味の役割を果たしてくれます。キャベツや白菜なども、水分が多い野菜。これらを上手く使い、ほかにはその時、冷蔵庫にある残り野菜を入れるだけで、おいしいスープができ上がります。またオリーブオイルやバター、ハーブやスパイスなど、香りとコクの出るものを合わせてもいいですね。残ったスープはミキサーにかけて、ポタージュにしても楽しめます。

最初に入れる塩は、味付けではなくうま味を引き出すための塩。ここでは粒子の大きい粗塩を使います。

ふたをすることで野菜がしっかり蒸され、うま味が出ます。ガラスのふたは、中が確認できるので便利。

野菜に透明感が出てきて、しんなりしてきたらOK。水は入れすぎず、あくまで「足す」ように。

蒸し野菜スープ

「蒸すこと」でうま味を引き出すスープ

# 蒸し野菜スープ

**材料(作りやすい分量)**

玉ねぎ……1/2個
にんじん……1/2本
じゃがいも……1個
キャベツ……小1/8本
セロリ……1/2本
パプリカ(赤)……1/2個
ミニトマト……6個
ローリエ……1枚
粗塩……ふたつまみ
塩……適量
黒こしょう……適量
オリーブオイル……大さじ1

①玉ねぎは横半分に切り、縦に薄切りする。にんじんは縦半分に切り、横に薄切りにする。じゃがいもは皮をむき、縦4等分に切り、横に薄切りにする。キャベツはざく切り、セロリは斜め薄切り、パプリカは縦3等分に切り、横に薄切りにする。ミニトマトはへたを取る。

②鍋にオリーブオイルを熱し、①をざっと炒めて粗塩をふり、ふたをして弱火で15分、蒸し煮にする。

③ローリエと水400㎖を加えてふたをして、中火弱で40~50分、蒸し煮する。塩で味を調え、仕上げに黒こしょうをふる。

にんじんの皮、セロリの葉や筋、とうもろこしの芯などなど。「野菜のくず」だなんて言ってはいけませんね。皮をむくまではれっきとした野菜なのですから。普段何気なく捨ててしまうところをちょっと使ってみると、捨ててしまうのがもったいないくらい、いいだしが出て、「くずなんて呼んで、ごめん」と野菜に謝りたい気持ちに。

とうもろこしを使う料理には必ず、芯を入れてだしを取ります。豆の茹で汁もしかり。白いんげん豆やヒヨコ豆、レンズ豆の茹で汁は、捨ててしまっては本当にもったいない。スープはもちろん、ごはんを炊いたり、豆をペーストにする時に、のばしていく水分に使ったりします。白いんげん豆の茹で汁は、

## 「野菜のくず」も有効活用

豚のかたまり肉を煮込んで、最後に豆と合わせれば、何ともおいしい煮込み料理になります。また、豆の茹で汁とにんじんの皮やセロリの葉を使って作ったスープは、バターで風味を調えるとやさしく、ほかにはない味わいに。ぽわ~んと温かくなる、ほのぼのするスープになります。これが食べたくて、野菜の皮がほしくなるくらい。そのほかにも大根の皮、玉ねぎの皮、ねぎの青い部分、スナップえんどうや絹さやの筋など、何でも野菜から出たものでスープストックを作っておくのもオススメ。煮込みなどちょっとコクが足りない時やスープはもちろん、かたまり肉を茹でる時にも使えて便利です。

右上／とうもろこしの芯は炊き込みごはんはもちろん、とうもろこしのスープを作る時にもぜひ活用したい。

右下／香り高く、栄養価も高いセロリの葉とにんじんの皮。煮ると、うま味とともにスープに溶け込みます。

左下／白いんげん豆、ヒヨコ豆、レンズ豆の茹で汁はえぐみが少なく、豆のほのかな甘みが感じられます。

白いんげん豆と野菜のスープ　　とうもろこしごはん

「野菜のくず」も有効活用

# とうもろこしごはん

**材料（2〜3人分）**

とうもろこし……1本
白米……1.5合
塩……小さじ1
バター……小さじ1

①白米は洗ってざるに上げ、水けをきる。鍋に入れ、水270㎖を加え、30分以上浸水させる。

②とうもろこしは芯に沿って、包丁でけずるようにして実を取る。

③①に塩を加えてさっと混ぜ、とうもろこしの実、バターを散らし、とうもろこしの芯をのせて中火強にかける。フツフツしてきたら弱火にして12分炊き、火を止め、10分蒸らす（炊飯器で普通に炊いてもいい）。とうもろこしの芯を取り出し、全体をさっくりと混ぜる。

# 白いんげん豆と野菜の皮のスープ

**材料(作りやすい分量)**

白いんげん(乾燥)……… 100g
ローリエ……………… 1枚
にんじんの皮………… 1本分
セロリの葉………… 1/2本分
バター…………………… 15g
塩…………………………… 適量

①白いんげん豆はたっぷりの水に半日浸けて戻す。
②鍋に水けをきった豆とたっぷりの水、ローリエを入れて火にかけ、アクを取りながらやわらかくなるまで茹でる。豆をざるに上げ、茹で汁は200mℓ取っておく。
③鍋にバターを入れて弱火で熱し、にんじんの皮、セロリの葉を加え、しんなりするまで炒める(バターも野菜の皮も焦がさないように注意する)。
④いんげん豆、茹で汁、水200mℓを加え、ふたをして中火弱で煮る。フツフツしてきたら塩を加えて味を調え、弱火で20分煮る。

## もっと「ナッツ」を普段の食卓に

ナッツは栄養価が高く、美容にもいい。お酒のおつまみやお菓子作りだけではなく、もっと料理にも使ってみませんか？　私が常備しているのはアーモンド、くるみ、カシューナッツ、ピーナッツの4種類。

くるみは葉野菜に合うので、サラダに使いやすい。アーモンドは、レーズンとビネガー、はちみつと合わせて焼いたパプリカにのせたり、鶏肉と一緒に煮込んだりと、料理を少し甘酸っぱい仕上がりにすると、香ばしさが引き立ちます。いんげんのごま和えをアーモンド和えにすると、甘じょっぱくて、新鮮味がありながら、どこか懐かしい味わいになります。以前、旅したバリ島では、アーモンドをにんにくやしょうがと同じようにみじん切りにして、油で炒めてスープの味出しにしていて、「なるほど!」と、ヒントをもらいました。カシューナッツは刻まずにそのまま青菜やえびと炒めたり、もやしやきくらげと和えものにしたり。また、粗めに刻んで春巻きにアクセントとして入れても。ピーナッツはエスニックなサラダにはもちろん、和食にもよく合います。私は炊き込みごはんによく使いますが、塩鮭や昆布と炊くと、お弁当にも向くごはんになります。ナッツを常備しておくと、「これに入れてみようかな?」と、ワクワクする冒険ができて、新しい味に出合えるかもしれません。料理をしながら、「美容にいいし!」なんてつい、つまんでしまうので、すぐになくなってしまいますよ。

右上／ナッツ類には湿気が大敵。保存は空き瓶に。油脂分も多く酸化しやすいので、早めに使い切ります。

左上／アーモンドは食べる直前に弱火で軽くローストすると、香ばしさが増し、食感もよくなります。

左下／刻む時はキッチンペーパーを敷くと、まな板が汚れず、そのままボウルなどにさっと入れられます。

パプリカとアーモンドの炒め蒸し

豆もやしとピーナッツの和えもの

# 豆もやしとピーナッツの和えもの

**材料（2人分）**

豆もやし……………1袋
ピーナッツ…………30g
香菜…………………1茎
A
ナムプラー…小さじ1～1½
酢……………小さじ2
きび砂糖……小さじ¼

①豆もやしはひげ根を取り鍋に入れ、たっぷりの水を加えてふたをして、火にかける。沸騰してから2分茹で、ざるに上げて水けをきり、広げて冷ます。
②香菜は葉を摘み、茎は2㎝長さに切る。ピーナッツは粗めに刻む。
③ボウルに①②を入れ、Aを加えて全体を和える。

# パプリカとアーモンドの炒め蒸し

**材料（2～3人分）**

パプリカ（赤、黄）……………… 各1個
にんにく……………………… 1/2片
アーモンド…………………… 30g
レーズン……………………… 30g
A ┌赤ワインビネガー…… 大さじ1 1/2
　 │はちみつ………………… 小さじ2
　 └粗塩……………………… 適量
オリーブオイル……………… 大さじ1

①パプリカは縦半分に切り、へたと種を取り、縦8等分に切る。にんにくは皮をむき、軽くつぶす。アーモンドはフライパンで軽く炒り、粗めに刻む。

②鍋にオリーブオイルとにんにくを熱し、パプリカを加え、ツヤが出るまで炒める。

③アーモンド、レーズンを加え、Aをふり、ふたをして弱火で、時々混ぜながら7～8分蒸す。

## 「海藻」で栄養バランスを整える

食事はなるべくバランスよく食べたいものです。わが家は毎日の夕食時に栄養のバランスがいいかどうか、まずは確認のような気持ちで食卓を眺めます。「ややかたよってしまったなあ」と思ったら、翌日は補うつもりで素材を選びます。「何となくでも気にしていることが大事なのでは？」なんて気楽な感じですが、意識していると、普段あまり海藻類を食べていないことに気が付きました。カラダにいいことは分かっていても、忘れがち。海藻サラダ、わかめのおみそ汁、ひじきの煮もの……と、パッと浮かぶのはそんな定番ばかりで、レパートリーに乏しいことも、原因のひとつかもしれませんね。

そこでわが家では意識して、「海藻をとる」ための作戦に出ました。毎日とはいかないまでも、お魚がメインの日は新鮮な魚介を選ぶと同時に、海藻類を何かひとつ、買い物カゴに入れるようにしました。まずはひじきの煮ものからの脱出(もちろん、ひじきの煮ものもおいしいのですけれど……)。ひじきは海藻の中でも使いやすく、レパートリーを増やしやすい素材です。豆腐や卵と相性がいいので、茹でて白和えやオムレツなどに。特に白和えにするとたっぷりひじきが食べられる上、ほかに合わせる素材ともしっくりきます。ひじきに慣れてきたら、ほかの海藻も自由な発想で。三杯酢で食べることしかなかったもずくも、最近は揚げものの具材にして楽しんでいます。

## 「蒸し大豆」のおいしさを発見

一般的に大豆といえば水煮ですが、蒸すとホクッとして、大豆の甘みをぎゅっと閉じ込めることができます。もちろん市販品もパックや缶詰でありますが、蒸し大豆は自分で蒸したほうが、断然おいしい。

乾燥の大豆をひと晩水で戻したら、後は蒸気の上がった蒸し器で40分ほど蒸すだけ。蒸したての温かな大豆は普通に茹でた大豆よりもホクホクと甘くて、そのままおやつになるくらいです。一度にたくさん蒸した時は、小分けにして冷凍しておきます。こうすると、冷凍のまま煮ものやスープに入れられて便利。蒸し大豆の利用法はこれもまた、ひじきの煮ものだけではないのです。味の想像しやすいメニューとしては、ミネストローネのような具だくさんスープに入れると、栄養価が上がっていいですね。トマトとの相性がいいので、トマトソースに蒸し大豆を加えて、仕上げに卵を割り入れて半熟に火を通した「トマト大豆」をよく作ります。腹持ちもいいので、わが家の朝ごはんの定番となっています。また、ほうれん草のナムルなどに加えれば、和えものでもボリュームのある1品になります。大豆は健康のために必要な、たんぱく質、ミネラル、ビタミン、食物繊維などが詰まった、まさに栄養の宝庫です。蒸し大豆で副菜が作れたら、より栄養バランスが取れて得した気分になれますね。日々の食材にぜひ取り入れてみてください。

ひじきの白和え　　もずく入り揚げ団子

蒸し大豆とほうれん草の海苔和え　　蒸し大豆とえびのヨーグルトサラダ

# もずく入り揚げ団子

**材料（作りやすい分量）**

生もずく……………………50g
大和いも……………………350g
ちりめんじゃこ…………大さじ3
揚げ油………………………適量
粗塩…………………………適量
すだち………………………適量

①もずくは洗ってざるに上げ、水けをしっかりきり、食べやすい長さに切る。
②大和いもはすりおろし、①、ちりめんじゃこを加えて混ぜる。
③フライパンに揚げ油を2㎝ほど注ぎ、高めの中温（180℃）に熱する。
④スプーンで②を丸く落とし、ふくらんで浮いてくるまで4〜5分揚げる。油をきり、粗塩をふる。器に盛り、すだちを添える。

## ひじきの白和え

**材料（作りやすい分量）**

ひじき（乾燥）……………5g
糸こんにゃく……………60g
黒ごま……………大さじ1
絹ごし豆腐……………120g
A
白練りごま……………大さじ1
きび砂糖……………小さじ1
しょうゆ……………小さじ1/4
塩……………少々

①豆腐はキッチンペーパーに包み、水けをしっかりきる。ひじきは水で戻す。
②ひじきは2～3分茹で、ざるに上げて冷ます。糸こんにゃくも茹で、ざるに上げて冷まし、食べやすい長さに切る。
③ボウルに豆腐を入れて木べらか泡立て器でよく混ぜ、Aを加え、なめらかになるまで混ぜる。
④③に水けをしっかり切った②、黒ごまを加え、全体を和える。

# 蒸し大豆とほうれん草の海苔和え

**材料（2〜3人分）**

蒸し大豆……………80g
ほうれん草…………½束
焼き海苔……………½枚
ごま油（濃いめのもの）……小さじ2
粗塩…………………適量

①ほうれん草はさっと茹でてざるに上げ、冷ます。水けをしっかりきり、4㎝長さに切る。
②ボウルに蒸し大豆、①を入れ、ごま油をまわしかけ、全体を和える。焼き海苔をちぎって加え、粗塩で味を調える。

# 蒸し大豆とえびのヨーグルトサラダ

**材料（2～3人分）**

蒸し大豆……………………80g
えび（中）………………………8尾
パセリ（みじん切り）……大さじ1
ヨーグルト……………150g
粗塩、黒こしょう……………各適量
はちみつ………………………小さじ1

①ヨーグルトはキッチンペーパーを敷いたざるにのせ、半日ほど水きりをする。
②えびは殻をむき、背わたを取って塩水（分量外）で洗い、3～4分茹でて冷ます。
③ボウルに①、粗塩、はちみつを入れて混ぜ、蒸し大豆、②、パセリを加えて和え、黒こしょうをふる。

**［蒸し大豆の作り方］**
大豆はたっぷりの水に半日浸けて戻し、ざるに上げ、水けをきる。蒸気の上がった蒸し器に入れ、強火で40分ほど蒸す。乾物の状態の大豆150gで、およそ280～300gの蒸し大豆ができる。保存容器に入れ冷蔵庫で3～4日、保存袋に入れ冷凍庫で約1か月保存可能。

餃子や春巻きは「普段のおかず」というよりは「週末たまに」という感じのメニューです。私の母も作るとなると、一大事のように準備をしていました。今、思うとそれは、餃子も春巻きの中身も手間のかかる「ザ・基本」のもの。餃子は、白菜かキャベツを茹でて刻んで、にんにくとしょうがをすりおろし、ニラもしいたけもみじん切り。春巻きは豚バラ肉、かに、もやし、ピーマン、しいたけを細切りにして炒めてとろみを付けて……。けれど「中身はこう」という決めつけから解き放たれると「包む」はその字のごとく、「何と包容力があるのだろう！」と思えます。包むので中身は何でもよく、もっとカンタンな組み合わせでも、立派な餃子や、魅力的な春巻き

# 「包む」は組み合わせが自由自在

になるのです。

餃子は焼くのもいいけれど、茹でてもいいと思います。水餃子なら「組み合わせは無限？」というくらいに自由。「豆苗やクレソンたっぷりに鶏ひき肉を少し。刻んだトマトときくらげと豚ひき肉。粗めに刻んだえびとれんこんなど。水餃子は冷蔵庫にある素材で、しかもすぐに作れるお助け料理になります。春巻きならアスパラ1本とちりめんじゃこ。じゃがいもの細切りとチーズと黒こしょう。薄皮をむいた空豆だけ、なんていうのも粋。冷蔵庫にあるものを包んでみたら、新しい組み合わせが生まれて、それが定番になるかもしれません。日々のごはんにも、来客のおもてなしにも、「包みもの」は頼りになります。

具は火が入りやすいよう、できるだけ薄切りに。春巻きの皮はなめらかな面が外側に来るように置きます。

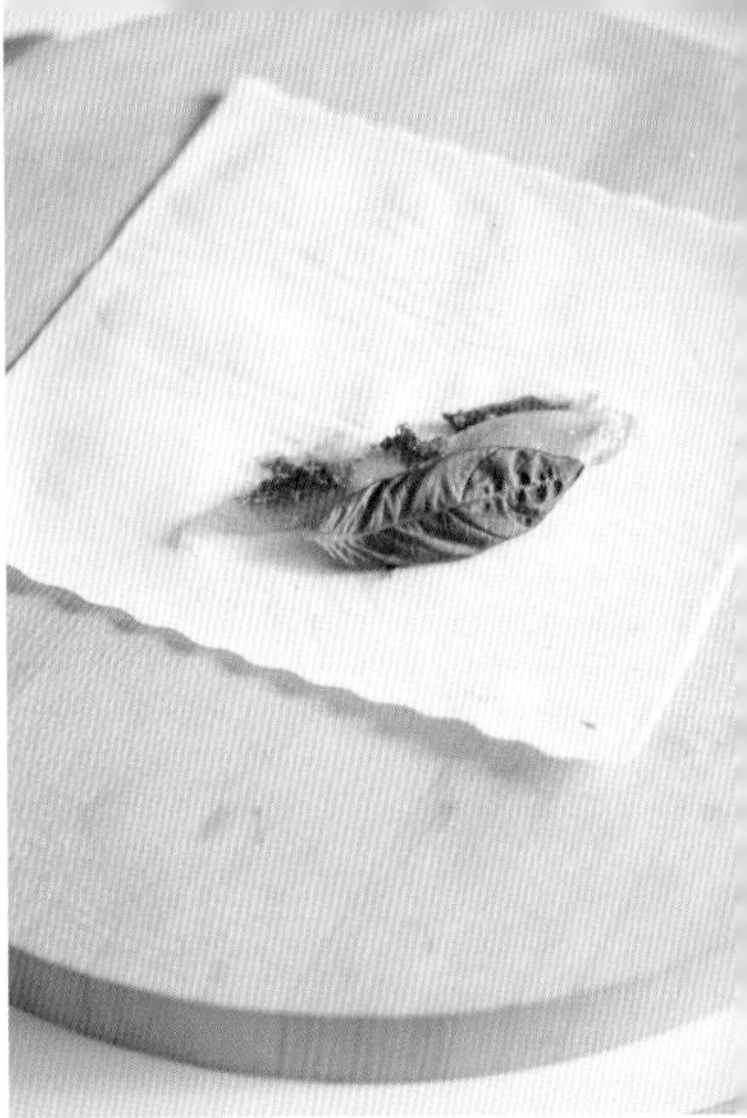

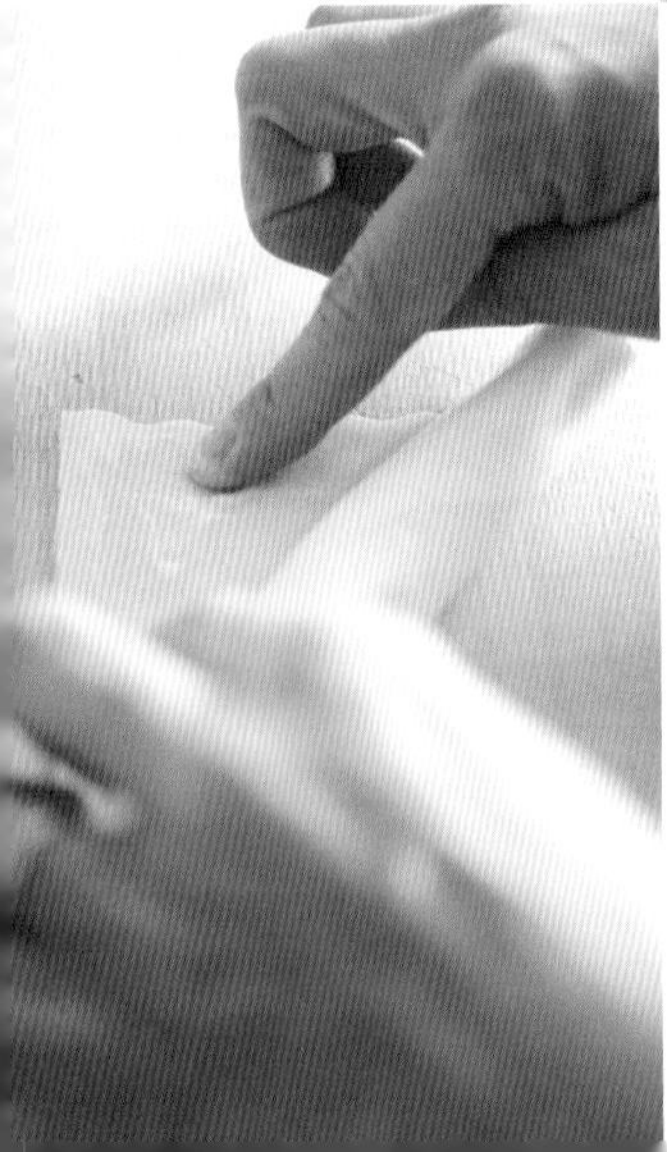

皮の下の角に具材をしっかり包むようにして折りたたみ、最後に水溶き薄力粉でのり付けを。

揚げ油から引き上げる時、菜箸で春巻きをつまんでしばらく縦にしておくと、しっかり油がきれます。

鶏と梅とバジルの春巻き

えびとセロリの水餃子

具を餃子の皮の中央に置き、縁に水を付け、ふたつに折りたたみます。具を入れすぎないよう注意。

片方の端に水を付け、円を作るようにもう片方の端を引き寄せ、帽子のような形にしてくっつけます。

茹で汁にはセロリの葉以外に、しょうがの皮や粒こしょう、八角などを入れてもおいしいです。

# 鶏と梅とバジルの春巻き

**材料（10本分）**

鶏ささみ……4本（200g）
A［酒……小さじ1½
片栗粉……小さじ½
塩……少々］
梅干し……2個
バジル……10枚
春巻きの皮……10枚
揚げ油……適量
薄力粉……適量

①ささみは斜め細切りにして、Aをふる。梅干しは種を取りのぞき、包丁でたたく。
②春巻きの皮にささみ、梅肉のそれぞれ1/10量、バジル1枚をのせ、手前から巻く。巻き終わりに、薄力粉を水適量で溶いたものを付け、留める。同様に9本作る。
③フライパンに揚げ油を2㎝ほど注ぎ、中温に熱する。②を入れて両面、色よく揚げ、油をしっかりきる。

## えびとセロリの水餃子

**材料（24個分）**

むきえび……………………160g
セロリ……………………1/2本
餃子の皮……………………小24枚
A
酒……………………小さじ1
しょうゆ……………小さじ1/2
きび砂糖……………小さじ1/4
塩……………………小さじ1/5
こしょう……………………適量
片栗粉……………………小さじ1/2
ごま油……………………小さじ1/2

①むきえびは塩水（分量外）で洗ってキッチンペーパーで水けをふき、包丁で細かくたたく。セロリは葉と筋を取り、細かく切る。
②ボウルに①、Aを入れてよく練り、最後に片栗粉、ごま油の順に加えて混ぜる。
③餃子の皮の中央に②の適量をのせてまわりに水を付けて閉じ、両端をくるりとまわして留める。
④鍋に水、セロリの葉を入れて沸かし、③を入れて、4～5分茹でる。好みでしょうゆ、ラー油、酢を添える。

れんこんだったらこの料理、ズッキーニだったらこの切り方……というように、野菜にいつも同じ方法ばかりのアプローチになっていませんか？キッチンで野菜を手にした時に、「いつもと同じ」をしそうになったら、「普段とは違う切り方はできないかな？」「昨日と違う姿にできないかな？」と、ちょっとだけ眺めてみるのはどうでしょうか。そうすると、皮をむいていたものを「むかなくても、食べられるのでは？」と気付いたり、火を通さなくても「薄く切れば、生で食べられるかな？」とかじってみたり。輪切りにしかしていなかったものを「縦に細長く切ってみようかな？」、細かくおろしていたものを「道具を替えておろしてみようかな？」

## 野菜への「いつもと違う」アプローチ

とか……。「こうでなくちゃいけない」と決めつけずに野菜と見つめ合って、違う方法を考えることは、実はとても楽しいものです。「切る」という最初の一歩を変えることは、料理のレパートリーを増やす近道かもしれません。失敗もあるかもしれません。でも、そうして「新しいおいしさ」を自分で発見できたらうれしいものです。「野菜にはまだまだいろいろな可能性がある！」なあんて思えたら、料理の面白さを知った証拠。いつもと違う形のものをテーブルに出すと、食べる人にも小さなサプライズがあって、食卓はよりいっそう豊かになります。

鬼おろしを使うと普通のおろし器より粗くおろされるので、水分が出にくく、ざっくりとした食感に。

実はズッキーニは、生でも食べられるのです。ほんの少しアクがあるので、水にさらしてパリッとさせて。

いんげんは縦に裂くと食感が変わるだけでなく、和えごろもともからみやすくなるという利点も。

ズッキーニのカルパッチョ　　あじの干物 鬼おろし添え

豚肉と揚げきゅうり　　いんげんのくるみ和え

# あじの干物 鬼おろし添え

**材料（2人分）**

あじの干物……2枚
大根……4cm
セロリ……1/4本
きゅうり……1/2本
A
　酢……小さじ2
　オリーブオイル……小さじ1

①干物は網か魚焼きグリルで焼く。
②大根、セロリ（筋を取る）、きゅうりは鬼おろしで、おろす。水けを軽くきり、Aを混ぜ、①に添える。

# ズッキーニのカルパッチョ

**材料（2人分）**

ズッキーニ……………… ½本
パルミジャーノチーズ …… 15g
オリーブオイル ……… 大さじ1
粗塩 ……………………… 少々
黒こしょう ………………… 適量

①ズッキーニは薄い輪切りにして冷水にさらす。ざるに上げ、キッチンペーパーで水けをしっかり押さえる。

②器に①を並べ、薄く削ったパルミジャーノチーズを散らし、オリーブオイルをまわしかける。粗塩、黒こしょうをふる。

# いんげんのくるみ和え

**材料(2人分)**

さやいんげん……16本
くるみ……40g
A
- きび砂糖……小さじ1/2
- しょうゆ……小さじ1
- 塩……少々

①さやいんげんはへたと先を切り落とし、たっぷりの湯で3分ほど茹でる。ざるに広げて冷まし、半分に裂いてから長さを半分に切る。
②くるみはフライパンで香ばしくなるまで炒り、包丁で刻む。
③ボウルに②とAを入れて混ぜ、①を加え、全体を和える。

# 豚肉と揚げきゅうり

**材料（2人分）**

豚もも薄切り肉 ………… 150g
きゅうり ………………… 1本
A［みりん ……………… 小さじ1
　しょうゆ ……………… 小さじ1
片栗粉 …………………… 適量
揚げ油 …………………… 適量
ケチャップ ……………… 適量
黒こしょう ……………… 適量

①豚肉はひと口大に切り、Aをふってもみ込み、20分以上置く。
②きゅうりは乱切りにする。
③①の汁けをキッチンペーパーで押さえ、片栗粉をまぶす。フライパンに揚げ油を2㎝ほど注いで中温に熱し、揚げ焼きする。油をしっかりきる。
④きゅうりの水分をふき、中温の揚げ油に入れ、素揚げする。油をしっかりきる。
⑤器に③④を盛り合わせる。黒こしょうをたっぷりふったケチャップを添える。

おわりに

# 食べる人と「一緒に過ごす時間」

私は、「料理」というものは「一緒に食べる人とどういう時間を過ごしたいか」を考えることではないかと思っています。

料理をする時に思い浮かべるのは、一緒に食卓を囲む人のこと。おいしそうな顔、喜ぶ顔が見たくて、日々せっせと台所に向かいます。「こんな味付けが好きかな？」「疲れ気味だから、やさしい煮ものにしよう」などと、相手のことを思って作るうちに、途中で調理法や味付けを変更したり、新しい組み合わせを思いついて、それが楽しみにもなっています。

作るのがおっくうになることもありますが、せっかく一緒に過ごすなら「楽しい時間」のほうがいい。だから疲れてしまった時は、思い切って「作らない選択」をして、外食します。たまにはお店の料理を食べて「明日はちゃんと作ろう」と思えたら、時には「料理をしない」ことも、日々の料理のうちなのでは……とさえ思うのです。

## 楽しむことが最良の「料理上達法」

「どうしたら料理が上手になれますか？」と、よく尋ねられるのですが、「作ることが楽しい」と思うことが、料理上達への近道なのではないかと思っています。

素材が形を変え、別の素材と組み合わさることで、ひとつの料理になる。それが自分の手で作り出せるなんて、すごいことだと思いませんか？　日常の身近なことなのに、科学実験の延長のようなワクワク感もあり、人にも喜んでもらえて、お腹も満たされて……料理って、本当にいいものだなあと思うのです。

料理が上達するというのは、「レシピを数多く覚える」ことではなく、自分が「楽しく使える技術」を身に付けていくことなのではないでしょうか。楽しみながら、試して、挑戦していたら、次第に料理の腕が上がっていった……。そんなふうに、「楽しい」「おいしい」そして「上達」の循環ができると、日々の料理は、義務感よりも楽しい気持ちのほうが強くなるはず。レシピは、そのヒントになればいいと常々思っています。

ただ何となく作るのではなく、素材にどんな特徴があるのか、どうすればもっとおいしくなるのか、少しだけ意識を持って向き合ってみてほしいと思うのです。素材はいつも同じではなく、水分量や大きさや固さなど、その時々に違うもの。手に取ってみて、自分なりに探ってみると、ふとした発見があったり、オリジナル料理を思いついたりするかもしれません。そして、小さな失敗をしてしまったり、献立の仕上がりが今ひとつに感じたら、一度振り返ってみてください。その日の料理を見直すことが、理想の食卓へ近づく一歩になると思います。

## 料理は「コミュニケーションツール」

私はどちらかというと、自分が食べたいものを自分のために料理するタイプではなく、食べてくれる人の顔を思い浮かべて、やる気を出すタイプです。料理は食べてくれる人がいてこそ。面と向かって、言葉を伝えることが気恥ずかしい時も、料理には気持ちを込めることができます。おいしい料理を食べれば気持ちも和らいで、自然と笑顔になります。楽しんで作れば、その楽しい気持ちが伝わっていきます。食べた人が喜んでくれて、会話が広がって、次の関係につながっていく……私は料理をすることで、これまで人とつながることができたように感じています。「自分はただ、料理をしただけなのにな」と、何だか得をしたような気持ちになることも。

料理は最強のコミュニケーションツール。本書がきっかけとなって、一緒に食べる人とのコミュニケーションが深まるきっかけになればと思います。

渡辺有子（わたなべゆうこ）

料理家。食、暮らしまわりのことを提案するアトリエ「FOOD FOR THOUGHT」で料理教室を開催。季節の素材を生かした、やさしくシンプルな料理と、センスあるライフスタイルが人気。
著書に『365日。』（主婦と生活社）、『すっきり、ていねいに暮らすこと』（PHP研究所）、『作りたい、食べたい、12カ月のシンプルレシピ』（幻冬舎）など多数。

写真
五十嵐隆裕（ゴーニーゼロ）
デザイン
渡部浩美
構成
田中のり子

本書は、『「献立」と「段取り」』
（2015年4月／小社刊）を再編集し、文庫化したものです。

マイナビ文庫

# 「献立」と「段取り」

2020年8月20日　初版第1刷発行

著　者　　渡辺有子
発行者　　滝口直樹
発行所　　株式会社マイナビ出版
〒101-0003 東京都千代田区一ツ橋2-6-3 一ツ橋ビル2F
TEL 0480-38-6872（注文専用ダイヤル）
TEL 03-3556-2731（販売）／TEL 03-3556-2735（編集）
E-mail pc-books@mynavi.jp
URL https://book.mynavi.jp

カバーデザイン　米谷テツヤ（PASS）
DTP　田辺一美（マイナビ出版）
印刷・製本　図書印刷株式会社


ISBN978-4-8399-7389-6
Printed in Japan